Para que Clara difunde por
Inglaterra las exquisiteces de
la dieta mediterránea.

Con cariño

Ruth

Colección Alba y Mayo. Serie Ciencia, núm. 2

Ruth Fraile Huertas

HAMBURGUESA DE MAMUT

Historia de la alimentación humana

Ilustraciones:
José Luis Alcover Lillo

EDICIONES DE LA TORRE

MADRID, 1996

© Del texto: Ruth Fraile Huertas
© De las ilustraciones: José Luis Alcover Lillo
© De esta edición: Ediciones de la Torre
    Espronceda, 20 - 28003 Madrid (España)
    Tel.: 442 77 93 - Fax: 442 59 40
    Primera edición: octubre de 1996
    ET Index: 303AMS02
    ISBN: 84-7960-079-9
    Depósito Legal: M. 35.355-1996
    Impreso en España / *Printed in Spain*
    Estudios Gráficos Europeos, S. A.
    P. I. Neisa Sur - Nave 14 Fase II
    Avda. Andalucía, Km. 10,300 - (Madrid)

A todos los familiares y amigos que han estado tan cerca durante todo este tiempo. A Máximo y a Concha, por su dedicación especial. A Tato, por su compañía, su cariño, su apoyo y sus ideas.
Gracias a todos. Sin vuestra ayuda este libro no habría tenido sentido.

«Comer es propio de todos los tiempos, de todas las edades y de todas las condiciones.» «El gusto, tal como nos lo ha concedido la naturaleza, es aquel de nuestros sentidos que, bien considerado todo, nos procura los mayores placeres.»

(A. Brillat-Savarin: *Fisiología del gusto*)

PRÓLOGO

Las cosas verdaderamente importantes suelen ser cosas sencillas. Por ejemplo, comer es imprescindible para vivir. Por lo tanto, las personas más importantes son los agricultores y los ganaderos, que son los que producen comida.

Pero, como el mundo se ha vuelto loco, a esas personas no se las tiene en cuenta para nada, y los «importantes» son personas que no producen nada útil: sólo producen problemas. Parece que cuantos más problemas produces, más importante eres.

Con los libros pasa algo parecido. Muchos «sabios» escriben libros gordísimos sobre temas complicadísimos, pero no para que sean útiles a la gente que los lea, sino para demostrar lo listos que son. Pero, aunque ellos digan que son así porque son libros científicos, no es cierto, porque la Ciencia que se hace sin pensar en que sea útil para la gente no es Ciencia, es soberbia.

El libro que ha escrito mi amiga Ruth para vosotros es un verdadero libro científico. Porque es un libro sencillo. Porque es un tema importante. Pero sobre todo, porque está escrito con el corazón.

Máximo Sandín

INTRODUCCIÓN

En muchas ocasiones, cuando leemos libros sobre historias del pasado, nos preguntamos cómo es posible que este o este otro autor sepan cómo han ocurrido las cosas sin haber estado allí.

Cuando alguien nos cuenta cómo se alimentaban los griegos en Atenas hace más de dos mil años, o los egipcios hace más de tres mil, suponemos que se inspira en textos escritos de aquellas épocas, en novelas narradas por escritores que vivieron y contaron sus costumbres. Pero ¿qué ocurre si pensamos en cómo se comía hace un millón de años, o dos, o tres?, ¿cómo se alimentaban nuestros antepasados lejanos? Nadie dejó carta alguna donde se explicaran las cenas habituales. Tampoco existe trozo de papel, piedra o madera donde se nos enseñe dónde y cómo se elaboraban las comidas. Ninguna novela que cuente los cubiertos que utilizaban...

Sin embargo, existen muchas pistas que pueden ser útiles a la hora de interpretar lo que ocurrió. De ese pasado tan remoto, donde los hombres aparentemente no sabían escribir, hoy tenemos algunos fósiles.

Los huesos de animales, encontrados en zonas habitadas por humanos, serán nuestra primera pista para suponer que probablemente se alimentaron de éstos. La información sobre las plantas, las raíces y los tubérculos comestibles la recibiremos del estudio del polen fósil [1]. La tercera pista que hay que tener en cuenta nos la proporcionarán los dientes de nuestros antepasados. Si os fijáis en los animales, no son iguales las fauces de un lobo carnívoro que la dentadura de un conejo alimentado con hierba. Además, son diferentes las marcas que nos quedan en los dientes a lo largo de nuestra vida si comemos alimentos vegetales, granos de semillas (que son mucho más duros), o carne animal. Usando potentes microscopios para observar las dentaduras fósiles, los científicos son capaces de distinguir el tipo de alimentación utilizada. Incluso, el análisis químico de los huesos y dientes de nuestros antepasados nos puede informar de la dieta herbívora o carnívora seguida habitualmente. Las herramientas que han aparecido junto con los restos humanos son la cuarta pista importante. Éstas nos proporcionan una válida información sobre los «cubiertos» que se usaban, ya que algunas de ellas funcionaban como eficaces cuchillos. Quinta pista: los excrementos fósiles pueden contener restos de huesos de los animales que se hayan comido. La sexta pista es una de las más interesantes desde el punto de vista de la evolución humana: las cenizas de restos de fogatas. Éstas son indicativas de quienes conocían el fuego, fuego

---

[1] Igual que somos capaces de diferenciar los pétalos de la amapola de los de la margarita, los maestros botánicos saben distinguir el polen de cada flor, pues éste es diferente de unas especies a otras. Algunos científicos estudian el polen fosilizado, descubriendo las plantas que existían en una zona concreta. Con ellas dibujan maravillosos paisajes que nos permiten imaginar la Tierra que habitaban nuestros antepasados.

que no sólo sería utilizado para calmar el frío, sino que serviría para preparar sus comidas.

Éstas son algunas de las pistas más útiles para recomponer el rompecabezas de la evolución de la alimentación seguida por el hombre. Para comprender esta historia y resolver algunas dudas, será conveniente fijarnos en aquellas poblaciones actuales cuyos hábitos pueden ser similares a los de muchos de nuestros antepasados. Afortunadamente, aún hoy en día quedan tribus en América o en África que mantienen muchas de las tradiciones ancestrales de caza de animales y de recolección vegetal. Debemos estar atentos a sus costumbres y encontraremos respuestas a muchas de las dudas alimentarias que tenemos sobre nuestro pasado.

Después las cosas serán más fáciles. Podremos comprender por qué el hombre se hizo agricultor. La agricultura aún está presente en nuestros campos. ¿Quién no ha tenido una huerta más o menos cerca de su casa, o al ir de viaje ha visto los extensos cultivos de cereales a ambos lados de la carretera? ¿Quién, al menos, no ha visitado una granja escuela? Haremos un viaje por todo el planeta, recorriéndolo de norte a sur y de este a oeste para encontrar el lugar donde por primera vez fueron cultivados la mayoría de los alimentos que hoy consumimos. Cómo y dónde se criaron los primeros animales domésticos. De dónde vienen la patata, el trigo o la naranja.

Por último, hablaremos de lo que ocurre hoy, de cómo nos alimentamos tú y yo, y de lo que come y no come el resto del planeta. Tras haber imaginado cómo sucedieron las cosas hace muchos millones de años, será más sencillo, probablemente, dar sentido a lo que comemos y comprender por qué lo hacemos. La mayoría de las comidas que hoy podemos saborear contienen una mezcla de alimentos de distinto origen.

A pesar de que una buena parte de la historia ya está escrita, aún quedan muchas cuestiones por resolver. Intentaremos adentrarnos en la aventura que supone conocer la historia de la alimentación desde el pasado, desde el origen del hombre. Debemos situarnos hace mucho, mucho tiempo, en África, e imaginar que las cosas sucedieron más o menos así...

I

NUESTROS ORÍGENES:
CARROÑEROS-CAZADORES-RECOLECTORES

El hombre ha pasado por diferentes etapas evolutivas hasta llegar a ser más o menos lo que es hoy, hasta comer tal y como lo hace hoy. Los paleontólogos, científicos que se encargan de estudiar los fósiles, han encontrado diferentes grupos de antepasados humanos. El tamaño de la cabeza, los huesos de las piernas, los de las manos, las dentaduras, etc. son algunos de los datos y ejemplos útiles que sirven para clasificar las distintas especies. Las herramientas, más complicadas a medida que transcurre la evolución, nos hablan de etapas cada vez más inteligentes. El descubrimiento del fuego supone un avance importantísimo. La alimentación, aunque parecida, presenta diferencias entre unos grupos y otros, y estas diferencias son las que vamos a tratar de comprender.

Esta aventura podemos dividirla en seis etapas. Empezaremos por fijarnos en cómo se alimenta el grupo de animales a los que más nos parecemos. Seguro que sabéis de quién estamos hablando...

¿A QUIÉN NOS PARECEMOS?

Seguro que alguna de las veces que habéis visitado un zoológico, al pasar por la zona donde se encuentran los monos, además de la risa que provocan por lo juguetones que son, no habéis podido evitar encontrar un parecido con alguno de vuestros compañeros de visita o cualquier otra persona conocida. Especialmente los chimpancés (como la mona «Chita» de Tarzán) y los gorilas tienen expresiones en su cara que son enormemente parecidas a las nuestras. Quien no haya tenido la oportunidad de verlos en vivo, aunque haya sido en cautividad, seguro que ha podido contemplarlos en televisión o en alguna fotografía de algún libro de animales. Aun así, se puede percibir el tremendo parecido que existe entre ellos y nosotros. Se supone que hace más de catorce millones de años existieron antecesores comunes a estos monos y a nuestros antepasados [2]. A partir de este momento, los seres humanos siguieron una evolución separada como especie diferente.

[2] Los autores no se ponen de acuerdo en las fechas de la separación. Algunos piensan en catorce millones de años. Otros aseguran que hasta hace tan sólo cinco millones de años chimpancés y humanos compartían antecesores comunes. Lo que parece claro para todos es que los gorilas y especialmente los chimpancés están mucho más cercanos a los humanos que el resto de los grupos de monos.

Existen algunos restos fósiles de estos antepasados comunes en África y en la India. Se alimentaban de productos que la selva les ofrecía: alimentos blandos, frutos y brotes de numerosas plantas. La evolución separada de unos y otros dio paso a una especie que vivió en bosques con menos árboles que la selva. En estos lugares, los alimentos son tan duros como las raíces y los granos de algunas semillas. La búsqueda de alimento era más difícil e intensa, lo que les forzaba a discurrir sobre cómo, cuándo y dónde encontrar los alimentos más adecuados.

Si queremos facilitarle a la imaginación la tarea de saber qué pudieron comer estos curiosos antepasados, podemos observar la alimentación de algunos monos actuales como los papiones o babuinos (que seguro también habéis visto en el zoológico). Estos monos se alimentan de vegetales fundamentalmente, aunque de vez en cuando cazan pequeños mamíferos como liebres o crías de gacela.

Los chimpancés se alimentan de todas las frutas y hojas tiernas que encuentran a su paso. Sin embargo, en determinadas ocasiones encuentran huevos en los nidos de algunas aves y no dudan en comérselos; incluso, a veces, matan a las propias aves o cazan algún mamífero despistado, como las crías de papiones y colobos, a los que convierten en sus presas.

El gorila, en su medio natural, se alimenta de una dieta variada vegetal compuesta de semillas, hojas, flores y frutos. Sin embargo, los cuidadores de gorilas de los zoológicos alimentan de vez en cuando a estos animales con carne, alimento que aceptan perfectamente.

Los antepasados más antiguos del hombre, esos que también fueron antepasados de estos monos, seguramente buscaban todos aquellos alimentos blandos que pudieran encontrar en la selva. Alimentos como las frutas, trozos de retoños de hojas, tallos comestibles, flores jugosas...

Pasaron millones de años que separaron la evolución del hombre por una parte y la de los monos por otra. Al abandonar la selva y adentrarse en el bosque claro, la comida de nuestros antepasados siguió siendo práctica y exclusivamente vegetariana, aunque necesitaba de fuertes mordiscos debido a su mayor dureza. Bayas, raíces y granos crudos constituían los alimentos básicos masticados con unas muelas anchas y planas.

Hace aproximadamente entre cinco y tres millones de años aparece un nuevo grupo en escena; son nuestros tatarabuelos, y de ellos desciende el resto de nuestros antecesores.

AUSTRALOPITHECUS: LOS PRIMEROS TATARABUELOS

Nuestros primeros tatarabuelos, llamados Australopithecus (que significa «mono del sur»), vivieron en África desde hace cinco millones de años. No existen restos en ningún otro continente. Estos «señores» fueron capaces de caminar sobre dos piernas, de pie, de manera que sus manos estaban libres para llevar el alimento de un lugar a otro sin dificultad, para agarrar a sus presas y llevárselas a la boca. Podían vigilar más fácilmente los posibles ataques de otros animales y alimentar mejor a sus crías. Aunque su aspecto era bastante parecido al de los monos, podían levantarse del suelo y caminar largos trechos en busca de los alimentos necesarios, que se encontraban en pequeñas superficies bastante alejadas entre sí.

Muchas de sus comidas eran duras como las semillas de algunas plantas, los frutos de algunos árboles y los tubérculos enterrados bajo tierra. Otras eran tan suculentas como las bayas, las hojas, algunas hierbas y pequeñas raíces.

De vez en cuando, si encontraban a su paso animales muertos, aprovechaban la carne de éstos para su propia alimentación. De la misma manera que hoy lo hacen los buitres, tenían un comportamiento de carroñeros.

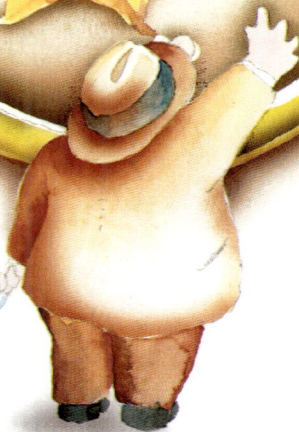

Otras veces se alimentaban de huevos de aves y reptiles, y eran capaces de cazar animales como lagartos y pequeños mamíferos, según se sabe por los restos encontrados en algunos excrementos fósiles.

Hubo dos grupos de «monos del sur» que convivieron largo tiempo. Unos eran más grandes y robustos y su alimentación era sobre todo vegetal. Acabaron desapareciendo. El otro grupo, más grácil, practicaba la caza con frecuencia. Ellos fueron nuestros auténticos tatarabuelos, los padres de la siguiente especie.

HOMO HABILIS: LA «HÁBIL» CAZA Y RECOLECCIÓN

En África, hace unos dos millones de años, habitaban conjuntamente los «monos del sur» robustos, los monos más gráciles y un grupo al parecer descendiente de estos últimos y de aspecto mucho más humano, a los que se les denominó Homo habilis, que significa «hombre hábil».

Fueron nuestros primeros antepasados capaces de fabricar herramientas con trozos de piedras, huesos de animales y pedazos de madera. Estos utensilios les servían tanto para la recolección de alimentos vegetales, como en la búsqueda y captura de carne animal. Como sus antecesores, también se nutrían de multitud de alimentos vegetales, pero el carroñeo y la caza constituían dos tareas cotidianas en sus vidas. Hipopótamos, jirafas, puercoespines, cerdos, gacelas y ñúes eran probablemente platos habituales en sus dietas, especialmente el tuétano del interior de sus huesos.

La caza de animales era una de las principales actividades grupales de los machos de la manada. Las mujeres mientras tanto dedicaban ese tiempo a la recolección vegetal y a la atención de las crías. Después, el alimento se compartía entre todos los familiares y la abundancia de los mismos permitía tener más tiempo libre. El ocio significaba el descanso y el aumento de las relaciones entre los miembros del grupo.

El tiempo pasaba y la evolución humana seguía su curso...

HOMO ERECTUS: LA CONQUISTA DEL FUEGO. LA COCINA

Hace más de un millón y medio de años vivía en África un grupo de antepasados del hombre a los que se les llamó Homo erectus, que significa «hombre erguido». Con el paso del tiempo viajaron desde el continente africano hacia Asia y después a Europa.

El tamaño de su cuerpo y el de su cerebro era mayor que el del anterior «hombre hábil» y su inteligencia estaba más desarrollada. Practicaban la caza muy frecuentemente. Aunque sus presas favoritas eran las gacelas, también capturaban otros animales herbívoros como carneros, cebras, jabalíes, búfalos, rinocerontes, elefantes, bisontes y macacos. Entre los carnívoros que formaban parte de su alimentación estaban los tejones, los lobos, los zorros, los leopardos y otros felinos. Estos animales a veces se preparaban asados al fuego. En otras ocasiones se cocían en agua calentada con piedras extraídas de la hoguera (según se sabe por los restos de huesos cocinados y por las piedras utilizadas) y así su carne resultaba mucho más blanda.

Hasta entonces, el hombre no había utilizado el fuego. Puede que ellos fueran los primeros cocineros de la historia.

Este hecho marca una diferencia fundamental con sus antepasados. Significa un cambio importantísimo. A partir de este momento todos los grupos humanos podrían elaborar sus comidas al calor de la leña.

En la caza se utilizaban armas fabricadas con huesos, hachas de mano, piquetas y raspadores. Con las astas de algunos animales fabricaban palas y punzones y con algunos trozos de piedras hacían martillos. Los animales se cazaban en grupo, aprovechando las dificultades del terreno para alcanzar a muchas de las presas. El barro de las ciénagas o los barrancos al final de los caminos eran sus lugares favoritos. Los animales quedaban atrapados, o se despeñaban, en el intento de huir del fuego y de las armas con que eran perseguidos.

También se alimentaban de vegetales como frutas, semillas, setas y nueces, especialmente aquellos días que había mala suerte con la caza.

Hubo grupos que, durante varios años consecutivos, pasaron en el mar sus vacaciones de primavera (según sabemos por los excrementos con restos de polen fósil de plantas exclusivamente primaverales). Vivían en chozas fabricadas con ramas y, en el interior de cada una, había una fogata donde cocinar y reunirse alrededor. Además del acostumbrado uso de la caza animal y de productos vegetales preparaban verdaderas mariscadas con mejillones, lapas, ostras y peces variados. Fueron, probablemente, los primeros pescadores.

Algunos realizaban la comida en las cuevas donde vivían. Ésta se compartía entre todos los miembros del grupo. Los machos que habían conseguido cazar ponían las presas a disposición del resto de la banda. Las mujeres eran las encargadas de recolectar los alimentos vegetales, de cocinar y de educar a las crías. Las pieles de los animales cazados se utilizaban para sentarse y dormir sobre ellas. Hay algunos restos de cráneos que indican la práctica de canibalismo, no se sabe si por motivos rituales o de necesidad. Parece bastante claro que se comunicaban mediante algún tipo de lenguaje, aunque éste fuera muy sencillo.

El tiempo siguió transcurriendo y estos antepasados muy cercanos ya del hombre actual, con mucho menos pelo sobre su piel y de aspecto bastante humano, convivieron durante años con un grupo cuya historia evolutiva es muy particular, el grupo de los hombres que colonizaron las zonas más frías del planeta: los Neanderthales.

NEANDERTHALES: LOS AMOS DEL FRIGORÍFICO

Los científicos, aún hoy en día, no se ponen de acuerdo sobre si el hombre de Neanderthal, descendiente del «hombre erguido» en Europa, forma parte de la actual especie humana o llegó a ser extinguido por ésta. Algunos autores suponen que ambos podrían haberse cruzado entre sí, siendo los padres del actual hombre moderno. De cualquier manera, y por si acaso estamos hablando de nuestros más cercanos antecesores, será conveniente describir sus costumbres alimentarias más habituales.

Los Neanderthales (nombre que viene del río alemán Neander, afluente del Rin, próximo a la cueva donde se encontraron los primeros restos pertenecientes a esta especie), eran un grupo de hombres robustos que vivieron en Europa, Próximo Oriente y el oeste de Asia desde hace unos cien mil hasta hace unos cuarenta mil años. Algunos soportaron climas muy fríos provocados por las glaciaciones. Por eso les llaman los hombres de las nieves. Los paisajes que los rodeaban eran enormes congeladores naturales, que en numerosas ocasiones servirían para conservar las presas cazadas.

Estos rechonchos individuos de narices anchas eran

hábiles cazadores de caballos y renos, también de mamuts, rinocerontes lanudos y otros pequeños animales. Su dieta era muy similar a la de los actuales esquimales. Utilizaban cuchillos afilados para cortar la carne mientras la sujetaban con una mano en la boca, hecho que se ha comprobado por las huellas que dejaban los cuchillos en los dientes, semejantes a las de los esquimales. Trozos de piedras pulidas, puntas de flechas, utensilios de madera, raspadores, punzones y delicadas herramientas fabricadas con huesos y astas de animales eran algunos de los instrumentos más utilizados en la caza, la alimentación y la elaboración de vestidos para resguardarse del frío. Algunos huevos de grandes aves formaban parte de su vajilla, siendo utilizados como platos durante las comidas.

Al igual que sus antecesores practicaban el canibalismo. Sin embargo, es el primer grupo que realizó enterramientos, donde los cuerpos descansaban acompañados de flores. Conocían numerosas plantas medicinales de propiedades curativas. Su generoso comportamiento social y su avanzada capacidad de comunicación permitió vivir a los ancianos, durante largos períodos de tiempo, alimentados por sus familiares más jóvenes.

Después, no sabemos de qué manera ocurrió, desaparecieron como tales hombres Neanderthales. Una nueva especie dominaba la tierra: El Homo sapiens, «el pensador moderno», nosotros.

HOMO SAPIENS: LOS CREADORES DEL RESTAURANTE

Hace más de cuarenta mil años que existimos. Somos Homo sapiens sapiens («hombres sabios sabios»), aunque a juzgar por nuestro comportamiento, no sé hasta qué punto el nombre es adecuado. El desarrollo de nuestra inteligencia nos permitió fabricar herramientas como las lanzas con puntas de piedra, los arcos y las flechas, todos ellos muy útiles para la caza de animales terrestres y la pesca marina. El hombre era capaz de provocar fuego fácilmente, frotando un par de palos o de piedras. Por eso, es fácil imaginar que la mayoría de los alimentos serían cocinados. Algunos vivían en cuevas naturales, otros en viviendas construidas con maderas y pieles. Practicaban enterramientos, acompañados de joyas y comidas. Fueron los primeros en pintar las paredes de sus hogares y centros de reunión con hermosos dibujos, la mayoría de animales, y acostumbraban a realizar figuritas y bastones de piedra, hueso o marfil.

Además de la recolección de frutos silvestres como las nueces e infinidad de bayas comestibles, la alimentación fundamental se basaba en la caza. Los arpones, tridentes, anzuelos, arcos y flechas eran muy útiles en la caza de reba-

ños de renos, bisontes, caballos y mamuts. También se alimentaban de aves, peces y algunos mamíferos acuáticos.

La abundancia de alimento conseguido tras la caza dejaba mucho tiempo libre para las reuniones comunales. Los grupos se juntaban alrededor del fuego y los jóvenes aprendían de los adultos las artes cazadoras de animales y las recolectoras de plantas. Los niños pasaban largos períodos con sus madres y así, imitando, aprendieron a crecer.

Este «sabio hombre moderno», desde Europa y Asia, y siguiendo probablemente a las manadas de animales de caza, entró en América por el norte del continente. Otros grupos partieron del sudeste asiático y, de isla en isla, viajaron hasta

Australia. Así, el hombre pobló dos espacios hasta el momento deshabitados. Los cinco continentes estaban ocupados. La riqueza de plantas y animales era tal que el futuro que se aproximaba para sus estómagos era maravilloso.

Toda la evolución humana fue un complicado proceso que duró millones de años. A pesar de la rapidez con que se produjo comparándolo con la evolución de la Tierra, fue un desarrollo complicado y atractivo, lleno de intrigas aún sin resolver. Nunca sabremos exactamente las veces que comían al día nuestros antepasados los «monos del sur», ni si los «hombres hábiles» eran realmente tan habilidosos para la caza, o si nuestros ancestros «erguidos» se pasaban el día cocinando al fuego de la hoguera. Tampoco podremos asegurar el número de platos diferentes que eran capaces de ela-

borar los «Neanderthales», ni si los primeros «hombres sabios sabios» pasaban más tiempo cazando o recogiendo vegetales. Lo que sí sabemos es que toda esta maravillosa aventura de la evolución supuso una gran riqueza de conocimientos al servicio de la cocina.

Después, como había hecho hasta entonces, el hombre sacaría el máximo partido a la naturaleza, para alimentarse de ella. Pero algo había cambiado. No había necesidad de desplazarse de un lado para otro. El hombre se hizo sedentario. Domesticó a muchos animales y sembró los campos. Había llegado el comienzo de una nueva etapa...

II

LA AGRICULTURA

Uno de los momentos más importantes en la evolución humana de ese «hombre sabio» es la etapa de agricultor. El descubrimiento de la agricultura cambió las costumbres alimentarias del mundo entero.

Mientras que la mayoría de los hombres y mujeres que habitaban África, Asia, América, Europa y Oceanía se dedicaba a la caza y la recolección, a orillas de los ríos Tigris y Éufrates, en un lugar llamado «Creciente Fértil», situado en Oriente Próximo, algunos grupos humanos empezaron a cultivar la tierra.

Probablemente cansado de caminar de un lado a otro, y teniendo la posibilidad de trabajar enormes extensiones de tierra libre, el hombre comenzó a utilizar el trigo. Este cereal, cultivado cada año, suministraba una importante fuente de energía necesaria para vivir. Aunque la caza, la pesca y la recolección de otra serie de alimentos se hacía imprescindible, el trigo obtenido de la cosecha era una buena base de su alimentación.

Algunos años más tarde, en China ocurrió algo parecido, sólo que esta vez el cereal utilizado era el arroz, cereal que aún hoy constituye el principal alimento oriental.

En la zona central de América empezó a cultivarse el maíz. Muchos indígenas encontraron en esta planta la solución a la escasez de otros alimentos. De este modo, toda una cultura creció en torno a este cereal.

Trigo, arroz y maíz fueron algunas de las primeras plantas cultivadas. Junto a ellas en cada continente se añadió el cultivo de muchas otras. La aventura fue apasionante. Con el tiempo, la casualidad y las nuevas ideas, la agricultura se fue enriqueciendo de variedades diferentes para ser consumidas por el hombre.

Aunque a veces muy esclava, la agricultura proporcionaba mayor tiempo para el descanso, lo que permitía un mayor contacto entre los individuos de cada núcleo de población. Así, la cultura fue conformándose. Los padres disponían de más tiempo para estar con sus hijos. El contacto con la naturaleza continuaba siendo fundamental y los pequeños aprendían poco a poco las tareas del campo. Este mayor tiempo de ocio agudizó las mentes de hombres y mujeres que diseñaron rústicas maquinarias agrícolas: palos, piedras, unos atados a las otras, sencillos arados que hacían más fácil el trabajo de la tierra.

Los hombres utilizaban animales que ayudaban en las labores agrícolas. Los caballos domesticados existen desde hace miles de años. Dispuestos de unas sencillas correas alrededor de su boca, a modo de riendas, ayudaban a los agricultores a arar la tierra. Junto a ellos, otros animales que proporcionaban alimento fresco: los huevos de las gallinas y otras aves, la leche de las cabras, ovejas y vacas. El hombre utilizaba lo que el medio le proporcionaba. Los animales propios de cada localidad se convertían en los habitantes de sus corrales y en la carne de sus guisos. Las plantas que pudieran ser cultivadas se incorporaban a la huerta.

Más tarde se produjo el intercambio de productos entre los agricultores vecinos. El comercio permitió, lentamente, poner en común los conocimientos sobre alimentación. El tiempo hizo posible que hombres y mujeres intercambiaran sus plantas y animales comestibles. «Tus lechugas por mis especias», «Las calabazas de esta tierra a cambio de mis semillas de manzano», «Tú me cambias tu trigo por mi maíz». Este trueque o cambio de unos objetos y alimentos por otros similares en valor tuvo lugar antes de que el hombre empezara a usar la moneda como instrumento de cambio. De esta forma, las posibilidades de cultivo y comercio se hicieron infinitas; todo un maravilloso mundo de plantas y animales comestibles que comenzó poco más o menos así...

EL TRIGO DEL CRECIENTE FÉRTIL

Cuentan los sabios historiadores que la agricultura comenzó a orillas de los ríos Tigris y Éufrates, en Mesopotamia, en una zona denominada «Creciente Fértil». Creciente por su forma de media luna. Fértil por la riqueza de su tierra. Ocupaba una zona que actualmente delimitan Israel, Jordania, Siria, Turquía e Irán.

No podemos asegurar cómo sucedió, pero el caso es que hace aproximadamente unos diez mil años, en esta zona del Próximo Oriente los hombres ya cultivaban trigo y cebada, dos de los cereales más comunes aún hoy en día. Estos hombres domesticaron cabras, ovejas y vacas, de las que utilizaban su leche, ordeñándolas diariamente. La diferencia que supone salir a cazar cada día sin saber si uno encontrará algo que llevarse a la boca, con levantarse cada mañana sabiendo que tu rebaño, ordeñado a diario, te proporciona tu desayuno es probable que fuera una de las razones para aceptar esta nueva forma de vida. Las aldeas se establecieron en torno a la agricultura.

También había animales como los asnos, caballos y perros. Cada uno realizaba unas tareas concretas. Caballo y

asno se utilizaban en la agricultura y, probablemente, los perros ya eran estupendos guardianes de rebaños de cabras y ovejas y eficaces compañeros de caza.

Todos los animales suministraban el abono natural necesario para que las plantas cultivadas siguieran un ciclo normal. Hoy en día, desgraciadamente, se utilizan muchos abonos inorgánicos, fabricados artificialmente, que no hacen sino dañar nuestros campos.

Antes era diferente. No existían fábricas y el campo se alimentaba de los desechos de los animales. Y los animales se alimentaban de las plantas del campo y de otros animales. Este ciclo natural en el que el hombre estaba inmerso proporcionaba a cada especie lo necesario. Era muy importante no romper el ciclo. Si el número de animales era muy elevado, les faltaría alimento para comer, entonces todos morirían. Por eso era tan importante mantener un equilibrio con la naturaleza.

Los cereales que se cultivaban eran de agradable sabor. Las semillas del trigo, la cebada, la avena, la alfalfa y el centeno eran secas, o se podían secar, lo que permitía que se conservaran durante largos períodos de tiempo. El hombre, al observar que el grano de trigo almacenado no se estropeaba, recogía y conservaba grandes cantidades para consumirlas poco a poco. Así fue como comenzaron las primeras despensas de cereales. Hasta entonces se alimentaba de la caza y la recolección. Exceptuando las nueces y algunos otros frutos secos, las frutas si no se consumían se perdían al poco tiempo. Sin embargo, los cereales podían guardarse durante períodos muy largos, en lugares sin humedad, sin peligro de estropearse.

Cultivar el trigo o la cebada era bastante fácil en aquellas tierras donde la planta se encontraba adaptada al suelo. Cada año se obtenían dos o tres cosechas que permitían alimentar a las familias, a los animales y al propio suelo, que se veía enriquecido por los restos de cereal sin consumir. Algunas legumbres como el guisante, la lenteja, las habas y los garbanzos siguieron el mismo camino que el cereal, ya que crecían fácilmente.

Al principio todas las plantas se cultivaban de forma natural: se sembraba la semilla y se recogía la cosecha.

Mientras, la tierra daba su fruto. Cuando la tierra se cansaba, las gentes se trasladaban hacia otras tierras cercanas donde empezar de nuevo a cultivar.

Primero la madera, después la piedra y por último el hierro fueron los materiales que el hombre fue utilizando para fabricar sus herramientas, tan importantes que han servido para marcar las edades de la Prehistoria.

En estas tierras se recogían frutos secos como los pistachos y las almendras. Las alcaparras también se cultivaban en esta zona.

A medida que la agricultura se extendía por distintos lugares, empezaron a surgir centros comerciales, donde el intercambio de semillas de unos pueblos a otros favorecía el conocimiento de nuevas especies de plantas cultivadas. Junto a la propia sabiduría sobre qué cultivar, la comunicación de cómo mejorar la agricultura aumentaba en estos encuentros de intercambio de ideas y materiales. De Asia central procedían el ajo y la cebolla y frutas como las uvas. Los higos, las granadas y los membrillos del Cercano Oriente se mezclaron con la remolacha mediterránea.

Las costumbres agrícolas fueron variando, cada vez era mayor el número de especies cultivadas. El descubrimiento del metal, su uso y su manejo permitió que la agricultura se desarrollara mucho más rápidamente. Los instrumentos de labranza, más eficaces y duraderos, hacían el trabajo más cómodo.

Los hombres seguían cazando gacelas y pescando en los ríos cercanos a sus aldeas. Los mejillones formaban parte de sus comidas. Pero, la mayoría se convertía en agricultor. Las condiciones alimentarias mejoraron y, al disponer de mayor variedad de plantas y animales, era más difícil encontrarse con enfermedades relacionadas con la falta de alimentos.

La agricultura permitió mayor descanso y con él, más ocio. Y con el ocio, la charla, la transmisión de conocimientos, el juego, la risa, la comunicación. Un mayor progreso tecnológico y un lenguaje más amplio. La agricultura favoreció la evolución cultural. En Mesopotamia aparecieron las primitivas formas de escritura. Los alimentos dibujados en tablillas eran útiles en los intercambios comerciales. Más tarde, las ideas se representaron mediante símbolos. Hace más de tres mil quinientos años apareció la escritura cuneiforme. Las palabras se marcaban con un estilete en placas de arcilla que después se cocían. La escritura permitió comunicar información a distancia.

Cuando los grupos humanos se fueron haciendo cada vez más numerosos era más difícil trasladarse de un lugar a otro. El riesgo que suponía buscar nuevas tierras de cultivo sin saber si encontrarían un lugar adecuado hizo que hubiera que diseñar nuevos métodos para trabajar la tierra. Para intentar recuperar el suelo se ideó un sistema llamado barbecho. Parte de la tierra se dejaba sin utilizar durante un año, no se plantaba semilla alguna. El campo se araba y se enterraba estiércol animal y restos vegetales. Así se daba nueva vida a una tierra que podía volver a utilizarse. Los griegos y los romanos pusieron este método en funcionamiento. Muchos años después, durante la Edad Media, en Europa aún se seguía utilizando; incluso hoy en día hay pueblos agricultores que lo ponen en práctica.

Pero ¿qué ocurría mientras tanto en otras partes del planeta?

CHINA: LA CULTURA DEL ARROZ

Cuenta la leyenda que el dios Shiva quedó enamorado de una hermosa princesa. Para consentir el matrimonio la joven puso una condición: él debería ser capaz de hallar un alimento que a ella siempre le apeteciese, del que nunca se cansara. Shiva no fue capaz de encontrarlo y se casó con ella por la fuerza. Llena de tristeza, la princesa murió. Pasaron los días y en su tumba, partiendo desde su ombligo, se vio cómo nacía una planta. Era la primera planta de arroz...

Esta bonita leyenda nos sirve para ilustrar el origen de la agricultura en el continente asiático. El arroz, que actualmente constituye la base de la alimentación de la población china, es un cereal, al igual que el trigo, que empezó a ser cultivado hace unos siete mil años en estas tierras asiáticas.

Antes que el arroz los chinos cultivaron el mijo. Este cereal, más blando que el anterior, servía como comestible. Hoy en día se sigue aprovechando, además, para fabricar cerveza. Hace muchos años arroz y mijo eran las dos plantas más extensamente cultivadas en China, junto con la soja, una legumbre de gran tradición oriental. Los guisantes, las habichuelas asiáticas y los pepinos también formaban parte de su alimentación. La canela, así mismo, tuvo su origen en China. Entre las frutas, las naranjas [3], mandarinas y limones también proceden de estas tierras, junto con los lichis, una típica fruta oriental que cualquiera puede encontrar en los restaurantes chinos de cualquier país del mundo.

La gran ventaja de China sería fundamentalmente la presencia del río amarillo. Este río regaba unas orillas de cereales y legumbres que crecían a su paso. Gracias a él, el hombre podía cultivar, o aprovechar, aquello que la naturaleza ponía a su disposición. Grandes extensiones de arrozales alimentaban a grupos cada vez más numerosos que se asentaban cerca de las márgenes del río. El control del agua era fundamental para el futuro de plantas, animales y hombres. Mucho tiempo después se practicó la conducción de aguas a través de canales que regaban las zonas cultivadas. Para evitar las inundaciones de los grandes ríos que podían destrozar las cosechas, los hombres construyeron embalses, que se abrían o cerraban en función de las necesidades de uso de sus aguas. Estos conocimientos se fueron trasladando a otros lugares del planeta, como Egipto, donde años más tarde se practicaría en el río Nilo.

El arroz, cuya denominación para chinos y japoneses tiene el mismo significado que la palabra «alimento», fue motivo de intercambios culturales posteriores, y tanto Alejandro Magno [4] como los pueblos árabes lo fueron introduciendo en otras partes del planeta.

Muchas de las tradiciones agrícolas chinas se trasladaron, en años posteriores, a Japón y a la India.

---

[3] De ahí viene la expresión «Naranjas de la China».

[4] Alejandro Magno (356-323 a. de C.) fue la máxima figura militar de la antigüedad. Creó las bases de la expansión comercial y cultural griega.

La proximidad geográfica y la semejanza de climas y culturas permitió que las plantas y las costumbres sobre cómo cocinarlas fueran bastante similares, aunque con el tiempo, cada población adoptó unos rasgos específicos, unas características diferentes, un desarrollo independiente.

El arroz y el garbanzo fueron cultivados en la India junto a las berenjenas y los mangos. En la zona indochina y malaya tuvieron sus orígenes el plátano, el pomelo y especias tan importantes como el clavo, la nuez moscada o la pimienta negra. También de procedencia asiática son el coco y el jengibre. Después, a través de la ruta de la seda, llegarían a las costas bañadas por el mar Mediterráneo, y desde allí hacia el centro y norte del continente europeo. La expansión del comercio en siglos posteriores sería fundamental para comunicar conocimientos entre unos pueblos y otros.

Probablemente, estas poblaciones asiáticas combinaban la caza de animales y la recolección vegetal con la agricultura. Pero esta última, con el paso del tiempo, fue siendo cada vez más común, hasta desplazar casi por completo a las otras prácticas de búsqueda de alimento. Cada vez era mayor el número de aldeanos. Los hombres caminaban menos tiempo de un lado para otro, aumentando el sedentarismo. El incremento de población favorecía la domesticación de animales como el cerdo, que se convirtió en el compañero habitual del agricultor chino. Al mismo tiempo, la cada vez más extensa agricultura permitía alimentar más bocas. La población crecía. El número de plantas cultivadas iba aumentando con el paso del tiempo. No sólo se utilizaban como alimento. Algunas comenzaron a usarse con fines curativos, otras para fabricar instrumentos y tejidos. Las posibilidades eran infinitas. La imaginación crecía y hombres y mujeres inventaban nuevas herramientas.

Nadie sabe el porqué del abandono de una vida como cazadores recolectores. Desconocemos si fue el aumento del número de personas, los cambios del clima u otros factores sociales los que tuvieron que ver con el origen de la domesticación de plantas y animales. El hecho es que ésta se produjo, y con ella, una serie de cambios que fueron importantísimos en el futuro de la alimentación humana. Sin embargo, desde entonces, algunos grupos prefirieron continuar con la caza y la recolección; de ellos hablaremos más tarde. La mayoría de los humanos determinaron su vida cultivando la tierra. África, Asia central, la India, el sureste de Asia o Europa continuarían la labor de orientales y mediterráneos. Pero ¿qué ocurría mientras tanto al otro lado del Atlántico? ¿De qué se alimentaban los pueblos americanos por aquel entonces?

CENTROAMÉRICA: EL MAÍZ

Desde España, como país descubridor de América, a veces cuesta asumir que América existía mucho antes de llegar Colón. México, Perú, Chile y Colombia fueron algunos de los principales centros de agricultura en la historia de la humanidad y, por lo que sabemos, sin ninguna ayuda externa. Es curioso pensar que el Creciente Fértil, China y México nacieron como puntos de origen de la agricultura de forma absolutamente independiente. No hubo comunicación entre ellos hasta muchos años más tarde. La diferencia entre unos y otros se refiere, sobre todo, al tipo de planta cultivada. Las plantas, como los animales, nacen y crecen en lugares concretos donde pueden desarrollarse sin dificultad, de forma natural, o por lo menos así ocurría al principio. La temperatura, el agua o la luz que necesitan unas plantas son diferentes a otras, por eso encontramos cactus en los desiertos y pinos en los bosques. De la misma manera, en Centroamérica, las plantas cultivadas eran propicias para crecer en aquel continente. Algunas son tan conocidas y utilizadas como la patata, otras son menos familiares.

América, y concretamente México, ha sido la zona del planeta que más plantas cultivadas ha aportado a las dietas y cocinas orientales y occidentales. La patata, el pimiento o el tomate son algunos de esos ejemplos. Junto a ellos, frutas tan sabrosas como el aguacate, la chumbera, la chirimoya, la papaya o la piña. La planta del cacao, de la cual se obtiene el chocolate, o la del tabaco, utilizada antaño en rituales religiosos, también son originales de Centroamérica.

Algunas plantas primas hermanas de la patata también son originales de este continente, como el boniato o la batata. Las calabazas y la yuca también tuvieron su origen en América. Esta última fue llevada por los portugueses muchos siglos más tarde a África, y allí cobró una importancia muy grande. Con su harina, la tapioca, se elaboran tortas que alimentan a muchos millones de personas.

El maíz fue el cereal originario del continente americano. No se cultivó en Europa hasta el siglo XVII. Igual que con el trigo se puede fabricar pan, macarrones o *pizzas,* el maíz se utilizaba para hacer tortillas (tortas de maíz) y cerveza.

El girasol, sus pipas y su aceite también proceden del continente americano. Su semilla era alimento para el agricultor indígena. En el siglo XIX se mejoró y seleccionó en Rusia, que es actualmente su principal productor.

Estos primeros agricultores del gran continente americano cultivaron la judía (también llamada frijol). Esta legumbre forma parte de gran cantidad de platos tradicionales. El cacahuete o maní no sólo se consumía como alimento, sino que de él se obtenía aceite. En el siglo XVI los portugueses lo introdujeron en África y en China. En España se cultivó desde el siglo XVII.

Con el caucho los aztecas fabricaron el primer chicle, una goma de mascar extraída de sus árboles.

Es interminable la lista de alimentos originales del continente americano. Hace más de cinco mil años ya eran cultivados muchos de ellos. Sin embargo, hubo que esperar a 1492, año del descubrimiento español de estas tierras americanas, para que el intercambio de plantas fuera permanente.

Las despensas de los habitantes europeos, asiáticos y africanos se llenaron de nuevos alimentos que hacían cada vez más sabrosa nuestra cocina. Los habitantes del nuevo continente también pudieron aprender de las costumbres agrícolas de los aldeanos del otro lado del mar...

EL COMERCIO

A lo largo de los siglos, desde cada uno de los principales centros de agricultura, el comercio y las comunicaciones entre unos y otros permitieron difundir nuevas especies de plantas utilizadas como alimento, junto con conocimientos muy valiosos sobre las técnicas agrícolas.

Agricultura y ganadería crecieron juntas. Los animales domésticos también acompañaron al hombre en su evolución. Sirvieron de ayuda en el campo y también como alimento. Los huevos de aves como las gallinas o la leche de cabras, vacas y ovejas alimentaban a los habitantes del Mediterráneo. Animales como la llama proporcionaban su leche a los originarios americanos. El cerdo sería un energético alimento de los habitantes de la China, como era la vaca para los aldeanos del Creciente Fértil. Los caballos, que salvajes habían acompañado a la evolución humana mediante su caza, llegaron a formar parte de sus animales de trabajo, manteniéndose la tradición durante miles de años. En América del Norte también se utilizó el caballo domesticado, descendiente de los caballos españoles salvajes, siendo el compañero de porqueros y vaqueros durante todos los años de esplendor del oeste americano. Todas las poblaciones que crecieron y vivieron cerca del mar o de algún río aprovecharon las especies animales que éstos les proporcionaban. Aunque con técnicas más sencillas, pescadores y marineros existieron desde hace siglos. Pescados y mariscos también fueron alimentos fundamentales para el hombre.

Pero el número de especies vegetales que viajaron de un lugar a otro del planeta fue muy superior. El cambio que supuso la agricultura fue la verdadera gran revolución.

Palmera y dátil viajaron desde el Golfo Pérsico hacia Babilonia, desde allí a Egipto y los fenicios la introdujeron en España. El dátil se utilizó como alimento y las hojas de la palmera sirvieron para la fabricación de cestos. De igual manera, el olivo también fue plantado por los fenicios en Andalucía. De la aceituna se extrae aceite. Sus hojas se han usado para alimentar el ganado. Con su madera se han construido casas, con sus ramas, cestos. Su riquísimo aceite se aprovechó no sólo para guisar y aliñar ensaladas, sino para alumbrar lamparillas o para fabricar jabón.

La uva, originaria de Asia central, fue utilizada por los judíos y los egipcios. No sólo sirve como alimento fresco, sino también seco (uvas pasas), para hacer vino y otros alcoholes.

El trigo de Mesopotamia recorrió todos los continentes y hoy se usa su harina para fabricar panes, pastas (macarrones, espaguetis, *pizzas),* bollería y pastelería, salsas, etc. La cebada, otro de los cereales originales del Mediterráneo, se dedica sobre todo como pienso para el ganado y para fabricar cerveza.

Las frutas originarias de China como los limones, mandarinas y naranjas no se cultivaron en Europa hasta el siglo XV. En España, en la costa de Levante existen hoy en día grandes plantaciones. El arroz, cultivado en China e India hace más de tres mil años, viajó a la zona mediterránea, donde ya se cultivaba hace ochocientos años. Llegó a Norteamérica en el siglo XVII, y de allí partió a Sudamérica en el siglo XVIII. Hoy sirve como alimento a millones de personas. También se pueden obtener vino o cerveza del arroz. Cestos, escobas e incluso papel se fabrican con este cereal. La soja, originaria de China, no viajó hacia Europa y América hasta el siglo pasado. Harina, leche, queso o aceite pueden fabricarse con esta planta, pero su utilización más común es como alimento para el ganado.

El guisante fue llevado a Europa por los griegos, de igual manera que la almendra con la que se fabrican mazapanes, turrones, leche o aceite. La castaña, utilizada durante siglos en Europa en infinidad de platos tradicionales, fue sustituida por la patata. La lenteja, ya cultivada en el Próximo Oriente hace más de seis mil años, se extendió a otros continentes a través del pueblo egipcio.

El maíz americano, alimento y símbolo en numerosos cultos religiosos, fue traído desde Cuba, Haití, Méjico y Perú a España a finales del siglo XV. Desde España se trasladó a Asia, Francia, Italia y otros países europeos, llegando al norte de África en el siglo XVI.

El tomate, que llegó a España en 1524, fue durante mucho tiempo una planta decorativa, por pensar que era venenosa. No comenzó a cultivarse para uso alimentario hasta un siglo después.

El cacao, también de América, se usó durante algún tiempo como moneda de cambio entre los indígenas americanos. Con él se fabrica el chocolate.

La patata, alimento original de los incas que habitaban en los Andes, fue introducida en España en 1560. Al principio no tuvo mucho éxito, pues también se consideraba una planta venenosa de adorno. Desde España se trasladó a Portugal, Italia, Alemania e Inglaterra. Comenzó a cultivarse en Francia en el siglo XVIII, y fueron los franceses quienes la pusieron de moda en toda Europa. La patata sirvió durante muchos años para calmar el hambre que reinaba en Europa, pues cada vez había más habitantes y un mal reparto de alimentos. En España comenzó su cultivo en el País

Vasco en el siglo XVIII y Carlos III, a través de su ministro Floridablanca, animó a que el cultivo de la patata se extendiera por el país. Dicen que la primera tortilla de patatas se hizo en un pueblecito del norte de España, por casualidad.

Existen otras plantas cuyo origen es africano. Es el caso del sorgo, cereal originario de este continente. La palma de aceite de África ecuatorial se trasladó a América junto con los esclavos africanos, y aún hoy se utiliza para elaborar algunas margarinas y productos de belleza. Las chufas, imprescindibles para fabricar horchata, proceden de Egipto. Probablemente fueran los árabes quienes las introdujeran en España. De la misma zona son los higos, cuyos árboles forman parte de muchas huertas españolas. Una de las frutas de verano más conocidas, la sandía, también nació en África central. Trigo, cebada, ricino y café fueron cultivados hace ya miles de años en Abisinia. Desde África, el café partió para América, Asia y Europa. Especialmente en tierras americanas encontró un suelo excepcional para desarrollarse. Una planta que comenzó siendo medicinal es, actualmente, una de las bebidas más consumidas en el mundo entero.

Estos increíbles viajes de plantas, semillas, raíces, hojas, tallos y animales de los que alimentarnos viajaron por el mundo entero hasta asentarse en cada tierra, donde el calor, el frío o la humedad proporcionaban un clima y un suelo adecuados. Las culturas y las civilizaciones crecieron en torno a ellos. Muchos factores económicos, sociales, religiosos e incluso políticos permitieron la difusión de unos alimentos y la prohibición de otros.

Las especies silvestres comestibles se cultivaron y la dispersión de plantas creció en función de las características de cada zona del planeta. Mientras los reinos cristianos de la Edad Media eran agricultores de cereal y ganaderos, las tierras árabes españolas, como Andalucía, tenían cultivos de regadío, huertos de frutales y una gran variedad de especies vegetales.

A partir de pequeños campamentos se crearon aldeas alrededor de las tierras cultivadas. El uso del barro para crear recipientes y el fuego para cocerlos hizo más resistentes los morteros y las vasijas. El manejo del metal supuso un gran avance para la cultura, los recipientes duraban mucho más tiempo. Aunque muchas carnes continuaban asándose directamente al fuego, en una misma cacerola se podían preparar cientos de guisos con legumbres, verduras, carnes o pescados, sin temor a estropearla. El escaso movimiento de un lugar para otro, el sedentarismo, favoreció la fabricación de más útiles de cocina. Guardarlos, heredarlos de padres a hijos, acumularlos se convirtió en una tarea cotidiana. Por el contrario las poblaciones nómadas poseen muy pocos instrumentos. El traslado permanente de un lado a otro hace difícil el transporte de objetos. Sin embargo, el sedentarismo animaba a la conservación de todos los utensilios de cocina. Las comunicaciones también aumentaron y el mayor desarrollo de los transportes permitió trasladar animales y plantas de unos lugares a otros.

III

LA ALIMENTACIÓN HOY

De más de medio millón de especies vegetales que existen en el mundo tan sólo ciento cincuenta son cultivadas. La mayoría de los habitantes del planeta basamos nuestra alimentación en unas doce de ellas. A pesar de ser tan escasas en comparación con todas las plantas que existen en el mundo, son fundamentales para nuestra vida. Por eso no debemos olvidar lo importante que es cuidarlas. Ellas son nuestro alimento y el alimento de muchos de los animales que comemos.

La mayoría de los animales que se utilizaron desde el comienzo de la agricultura son los mismos que hoy en día forman parte de nuestra alimentación. La gran diferencia reside en el modo de explotación animal. La mayor parte de las gallinas no viven sueltas en los gallineros, sino en enormes granjas avícolas de explotación de huevos y pollos. Las vacas y los cerdos se matan en los mataderos municipales, y poco se parecen sus vidas a las de antaño.

Hoy en día, los grandes descubrimientos humanos han permitido trasladar casi cualquier planta, cualquier animal, cualquier alimento a todos los lugares del mundo. En casi

todos los supermercados de todas las ciudades del planeta podemos encontrar patatas de origen americano, huevos de gallina, arroz de China o remolacha mediterránea, sin preocuparnos de si aún hoy se siguen produciendo allí, o si son de la granja y de la huerta del pueblecito más cercano.

A pesar de que el comercio y las comunicaciones permiten mezclar multitud de alimentos de origen diferente, las poblaciones humanas han elegido distintas formas de alimentación en función de su estilo de vida, su posición geográfica, su religión, su cultura. Muchos animales habitualmente consumidos en una zona concreta son alimentos prohibidos en otras más o menos cercanas. En muchas ocasiones, las religiones han tenido mucho que ver en estas decisiones, en otras, el intento de evitar el contagio de enfermedades. La prohibición musulmana de alimentarse de carne de cerdo tiene, probablemente, su explicación en el intento de prevenir la peste porcina africana. Del mismo modo ocurre con la vaca sagrada en la India, animal respetado e incluso venerado por numerosas religiones. Otros animales como los caracoles, consumidos en España o Francia, no son tan queridos en otras partes del planeta como Inglaterra o Alemania. Insectos como los pequeños saltamontes, consumidos como aperitivos en Centroamérica, son rechazados por turistas europeos.

A pesar de que la tendencia general de la humanidad se dirija hacia unas costumbres muy uniformes, afortunadamente, la historia y las tradiciones de los distintos pueblos hace que todavía la manera de aprovechar los alimentos sea muy variada.

Mientras algunos grupos humanos han optado por alimentarse de latas de conserva, dulces y productos precocinados, otros, aunque más escasos, aún hoy en día prefieren dedicarse a una de las prácticas más antiguas de la historia de la alimentación del hombre. Una forma muy similar a la de los primeros Homo sapiens: la caza y la recolección.

CAZADORES-RECOLECTORES

Parece extraño, pero actualmente todavía quedan algunos pueblos, desgraciadamente cada vez en menor número, que se dedican a la caza de animales y a la recolección de plantas con las que alimentarse. Aunque en otras partes del planeta existen más grupos como éstos, vamos a presentar dos ejemplos típicos de este modelo de alimentación: los bosquimanos africanos y los esquimales de Alaska.

Bosquimanos

Estos africanos, cuya cultura está en peligro de extinción, realizan dos actividades diferentes durante el verano y el invierno. En invierno viven en chozas hechas con ramas y grandes hojas, alrededor de alguna charca. Cazan a pocos kilómetros del campamento. En verano, sin embargo, se mueven de un lugar a otro, recolectando gran cantidad de frutos y vegetales que llevarse a la boca.

Aunque la mayoría de ellos en la actualidad ha comenzado a trabajar en granjas, el hombre bosquimano, que mantiene una tradición cazadora, sale en busca de animales tan grandes como los orix o ñus. También caza liebres, aves

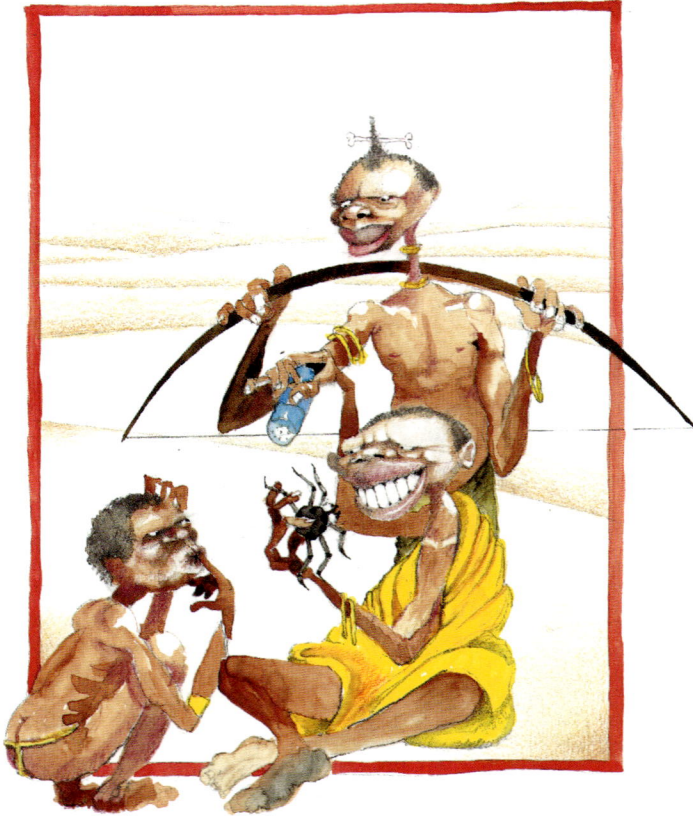

como las avutardas, reptiles como la serpiente pitón o la tortuga, y puercoespines. Sin embargo, gran parte de su alimentación se basa en el trabajo de las mujeres que recolectan muchos vegetales como nueces, raíces, bulbos o melones. Las nueces constituyen la mitad de su comida. La carne tan sólo ocupa una tercera parte, y el resto, los alimentos vegetales. Las mujeres también recolectan huevos de aves y de insectos como las hormigas. La comida se comparte en el campamento entre todos los individuos del grupo, siguiendo un orden concreto según la edad y la posición social. Para todos hay suficiente alimento. Repartir el trabajo y el alimento, este estilo de vida, les proporciona mucho tiempo libre para jugar, cantar o recitar poesías. La caza supone un riesgo grande, pero las piezas conseguidas son un buen premio a su esfuerzo.

A pesar de que nos parezca increíble, ellos continúan viviendo así, y probablemente seguirían si los dejásemos en paz. Sin embargo, el hombre occidental en su afán colonizador ha olvidado durante años lo importante que es respetar la diversidad. Ellos, aunque son como nosotros, son diferentes. Quizá algún día aprendamos a respetar sus costumbres, su paz y su risa.

Esquimales

Hay dos grupos de esquimales que viven en el norte de Alaska. Unos se llaman Nuunamiut y se dedican, sobre todo, a la caza de animales terrestres. El otro grupo, los Taremiut, a la pesca de animales marinos. Ambos grupos se reúnen para comerciar con huesos, pieles, aceite, cuero y marfil. Cada uno tiene claramente definido su espacio y su comida. Cambiar materiales y alimentos forma parte de su estilo de vida. El trabajo de unos compensa el esfuerzo de los otros. Ambos cazan, ambos recolectan, después se cambian sus excedentes y eso les permite vivir en armonía con la naturaleza en un lugar tan inhóspito.

Los Taremiut cazan en primavera cetáceos y focas. Con grandes arpones matan ballenas de las que utilizan prácticamente todo. Además de alimentarse de su grasa, con ella quemada encienden la luz de sus lamparillas de aceite. Los huesos se usan para construir trineos y casas. La carne constituye casi la totalidad de su alimentación. Cuando llega el buen tiempo pasan el verano en sus aldeas. Mientras unos se dedican a comerciar con lo que han cazado durante el invierno, otros van en busca de nueva pesca de morsa y de caribú.

Los Nuunamiut cazan con flechas y lazos al caribú, ésta es la pieza fundamental de su trabajo. Cortan su carne en finas tiras que dejan secar al aire libre. Una vez seca, la carne se conserva en grasa o junto a las frutas que hayan recolectado. Durante el invierno además del caribú se alimentan de perdices, alces, carneros, castores, liebres, marmotas y puercoespines. De los zorros y los lobos aprovechan sus pieles para abrigarse y tan sólo se los comen si ha habido mala suerte con la caza. En primavera colocan trampas para cazar, así consiguen ardillas, marmotas, patos y gansos. En algunas ocasiones cazan osos pardos, lo que les permite tener una buena despensa de carne. En verano van a la costa para comerciar con los Taremiut. Además cazan, pescan y colocan nuevas trampas. También recogen raíces y bayas que luego utilizan para preparar la carne.

Estos dos grupos de esquimales, ajenos a lo que ocurre en el resto del mundo, han sabido adaptarse y sobrevivir mediante la caza y la recolección a un clima tan frío como el de Alaska.

La gran mayoría de los humanos no vivimos así, ni como los bosquimanos, ni como los esquimales. Cada vez es mayor el número de habitantes de la Tierra que vive en las ciudades.

Los grupos de cazadores-recolectores que aún hoy pue-

blan el planeta son casi pintorescos, graciosos, poquísimos en comparación con el resto del mundo.

Tampoco es más esperanzador el caso de los agricultores. La máquina ha desplazado al hombre y éste ha abandonado el campo para ir a la ciudad. Durante mucho tiempo la humanidad se dedicó a la caza y la recolección. Después la gran mayoría optó por la agricultura. Esta forma de trabajar la tierra se extendió por los cinco continentes. La industria trajo la máquina. La máquina ayudó al hombre y luego lo desplazó. El hombre había empezado a utilizar máquinas que le hicieran más fácil el trabajo. Así surgieron las grandes explotaciones agrícolas, donde la máquina trabajaba en el lugar del hombre. Muchos abandonaron el campo para ir a la ciudad.

En las ciudades, los alimentos tratados en las fábricas llegan en barcos, camiones, trenes o aviones. Las personas que vivimos en las ciudades olvidamos que muchos de los alimentos que comemos provienen de la pesca o de la agricultura, incluso de la caza o de la mano que las recolecta.

Pero... ¿Comemos igual en todos los países del mundo?

LA ALIMENTACIÓN EN LAS CIUDADES

Desde hace ya algunos años, gran parte de la población de los países desarrollados vive en las ciudades. Aunque comidas, cocinas y alimentos puedan parecernos muy similares en la mayoría de los lugares del mundo, cada una presenta rasgos diferentes. No es igual el desayuno de un hombre japonés que el de un americano de la misma edad.

Mientras los hombres y mujeres que viven en el norte, en un clima más frío, tienen una alimentación más calórica que les proporciona más energía, en el sur hay mayor variedad de platos preparados con alimentos en fresco, sin cocinar.

En la zona central y norte de Europa existe una gran tradición de consumo de derivados de la leche: el yogur, los quesos, el kéfir, el requesón, la cuajada, etc. En los países nórdicos las personas consumen pescado ahumado de forma habitual. Ésta es una de tantas maneras de conservar el pescado sin que se estropee durante algún tiempo. En otros lugares del mundo los hombres se han acostumbrado a prepararlo en salazón, en conserva o congelado.

SALMON
QUESO
JUDIAS
SARDINAS
HUEVOS
BACALAO
VINO
CARNE
NARANJAS
COLIFLOR
MARISCOS
SETAS
UVAS
TOMATES
COCO